Lb 56
2500

PRÉCIS

HISTORIQUE ET ANALYTIQUE

SUR LA

CAUSE PREMIÈRE

DES

DIVERS CHANGEMENTS

SURVENUS

DANS LE GOUVERNEMENT DE LA FRANCE

DEPUIS 1789

Par M***

BORDEAUX

FERET ET FILS, ÉDITEURS,

15, COURS DE L'INTENDANCE, 15

1869

Prix : 50 centimes

INTRODUCTION

La lutte électorale qui vient de se terminer il y a quelques mois a mis en présence deux opinions bien tranchées :

Celle des conservateurs, se disant dynastique libérale; et celle qui, sans se dire dynastique, réclame les libertés nées de la Révolution de 1789.

Le suffrage universel, après avoir ouï les candidats, a manifesté assez nettement qu'il n'était pas antidynastique, mais qu'il voulait deux choses :

La paix et une liberté plus large.

Ce vœu paraît avoir été entendu dans nos régions gouvernementales; mais il est malheureusement une catégorie de Français qui, n'apercevant que les excès commis dans nos troubles politiques, redoute d'entrer dans cette voie libérale. L'auteur s'est donc proposé de démontrer l'inanité de ces craintes, en signalant la véritable cause de ces troubles, par une revue rétrospective de tous les gouvernements qui se sont succédé depuis 1789 jusques au coup d'État de 1851, — démontrant par cette courte analyse historique que nos révolutions ont pour cause première la déviation aux principes posés par nos pères de 89.

Le rôle d'historien qu'il emprunte pour soutenir son thème lui impose le devoir de se renfermer dans un récit succinct et véridique des événements, sans être arrêté par de vaines susceptibilités nationales, laissant au lecteur à apprécier pour ainsi dire sur pièces la vérité de son axiome.

La France, il faut en convenir, a donné au monde un singulier spectacle de la mobilité de son humeur et de sa tendance à tomber dans l'exès.

En 1789, l'Assemblée nationale, se transformant en Constituante, travaillait durant deux années à régénérer la nation, abolissant tous les priviléges et les abus de l'ancien régime, et dotant le pays d'institutions plus conformes au nouvel ordre de choses qu'elle voulait fonder.

Le 3 septembre 1791, elle terminait la nouvelle Constitution, qui fut acceptée par le Roi le 14 du même mois. Cette Constitution, accueillie avec transport comme satisfaisant aux aspirations les plus libérales, ne tarda pas à subir le sort que lui réservait l'inconstance du caractère français et son amour du nouveau.

La Législative, qui remplaça la Constituante le 1er octobre de la même année, travailla à aplanir la voie pour l'avénement de la République, tant par ses actes ouvertement hostiles au pouvoir exécutif, que par son impassibilité à réprimer toutes les avanies dont le malheureux Roi était abreuvé.

Cette législature dura un an, et fit place à la Convention. Celle-ci, à peine installée, débuta par décréter la déchéance du Roi et proclamer la République. Louis XVI avait-il violé la Constitution ? Nullement ! Loin de là. Il sanctionna presque tous les décrets révolutionnaires qui minaient de plus en plus son autorité et réduisaient son rôle à l'état négatif, n'usant de son droit de *veto* que là où sa conscience lui en faisait un devoir. L'accusation la plus grave portée contre lui (en la supposant fondée), d'avoir voulu attirer les étrangers sur la France, devait être suffisamment expiée par la perte de son trône. Ses intrigues antirévolutionnaires plus ou moins imaginaires et sa fuite de Paris ne méritaient pas le traitement barbare qu'on lui fit subir. La Constitution n'étant alors ni promulguée ni jurée, il ne la violait pas. Et enfin son inviolabilité y étant reconnue, la responsabilité de ses actes devait retomber sur ses ministres, si, toutefois, la simple logique ne dût la faire cesser avec la déchéance du Roi. Au jugement de la postérité, la fin tragique de cet infortuné monarque passera toujours pour un crime inutile commis par une faible majorité fanatique, et non le fait de la souveraineté nationale, dont la volonté ne pouvait être connue que par l'appel au peuple.

La France ne tarda pas à recueillir les fruits amers de cette première infraction aux principes de 89. La République, bientôt débordée par la démagogie, se précipita dans les plus affreux excès que l'histoire ait jamais relatés.

La Convention, paralysée par la terreur que lui imprimait une minorité violente, se laissa gouverner par elle, et, sans respect pour l'inviolabilité du député, livrait à l'échafaud les plus purs et les plus vertueux républicains. L'anarchie, le meurtre, les proscriptions, les guerres civile et étrangère, telles furent les conséquences de ce changement de forme.

Cette épouvantable situation ne pouvait être que transitoire. La Convention, revenue de sa léthargie par l'énormité de ces crimes, décréta de mort les plus fougueux démagogues. Cet acte de justice accompli, le pays respira, et la République fonctionna non sans gloire, tant par ses actes législatifs que par le succès de ses armes. Cette forme de gouvernement pénétrait déjà dans les mœurs du peuple; nulle raison *capitale* ne l'obligeait à changer; cependant, cédant à son esprit inconstant et oublieux de ce qu'il lui avait coûté de sang répandu pour conquérir sa liberté, l'arrivée d'un soldat heureux et ambitieux suffit pour la lui faire abandonner.

Bientôt le général Bonaparte, par son génie et ses exploits militaires, parvenu aux plus hautes fonctions de la République, poussant plus loin son ambition, arrivait à se faire élire Empereur !

Ce nouveau revirement de la nation devait-il la rendre plus heureuse ? Laissons parler l'histoire.

Durant tout le règne de Napoléon Ier, qui ne fut pas sans grandeur, je me plais à le constater, la France a été constamment en guerre. Elle marcha de conquête en conquête, et acquit, sans aucun doute, beaucoup de gloire, mais matériellement ! Quel en fut le prix ? L'épuisement complet de sa population virile, l'anéantissement de l'agriculture, du commerce, et la perte de ses libertés ! Je m'arrête dans cette nomenclature de maux, les désastres qui accompagnèrent la chute de l'Empire étant encore palpitants dans la mémoire de tous.

L'ambition sans borne de l'Empereur l'entraîna à sa perte ; mais n'est-il pas permis de penser que, si le pays avait eu voix au chapitre, un frein salutaire n'eût prévenu la catastrophe ? L'Empereur le sentit si bien, qu'à son retour d'exil, son premier soin fut de convoquer la nation pour lui restituer une plus grande somme de liberté. Hommage tardif rendu au vrai principe conservateur ! Mais il était trop tard, il ne put résister à la coalition.

A l'Empire succéda la Restauration des Bourbons. Louis XVIII, philosophe et homme d'esprit, comprit que les Français, malgré leurs écarts, conservaient le sentiment démocratique, et, pour y satisfaire, il octroya la Charte de 1814, calquée sur la Constitution anglaise. Certes, cette Charte, quoique limitée à certaines libertés, était autrement libérale que la Constitution de l'an VIII et devait lui concilier bien des esprits; il n'en fut pourtant pas ainsi. Ce monarque eut à lutter et contre les partisans de l'Empire déchu, contre les libéraux de 89, contre sa propre famille, qui, avec les émigrés, le qualifiaient de jacobin. Ce règne fut de courte durée; néanmoins, par ses cours prévôtales de 1816, ce prince violait l'article de la Charte déclarant que nul ne pouvait être distrait de ses juges naturels. Il est juste de dire que les intentions du Roi étaient pures, et l'on doit lui tenir compte des tiraillements politiques qui le poussèrent à cet écart.

Son successeur, Charles X, dominé par ses souvenirs de l'ancien régime, rêvait de ramener la France à quelque chose de semblable. Voyant grossir l'opposition contre ses lois rétrogrades, il crut trouver dans l'article 14 de la Charte le droit de dissoudre la Chambre. Cette espèce de coup d'État lui coûta sa couronne.

Après cet événement, le duc d'Orléans, qui avait un parti dans l'Opposition, fut proclamé lieutenant général du royaume. Ensuite, les partisans de ce prince n'éprouvèrent guère de résistance à lui faire accepter le titre de Roi des Français, qui lui fut décerné à l'Hôtel-de-Ville et confirmé assez unanimement par la province. Pour calmer les aspirations républicaines, le vétéran de 89 (le général La Fayette) le présentait au peuple comme *la meilleure des républiques*.

La Charte-*vérité* remplaça celle de 1814. Quoique l'on ne puisse accuser le Roi de l'avoir violée, il s'en écartait néanmoins en persistant à vouloir gouverner, au lieu de se borner à régner, ainsi que le veut le régime constitutionnel.

La Chambre des Pairs, par de nombreuses promotions, était réduite à la situation d'une succursale de l'Administration. Ses lois de septembre sur la presse l'éloignaient de l'esprit de 89, et prêtaient le flanc aux manœuvres et aux actes coupables des partis extrêmes; et enfin, son fameux système du juste-milieu ne servit qu'à prouver qu'il n'était pas du tempérament des Français. Ces divers actes subversifs lui créèrent une forte Opposition à la Chambre, et il suffit d'une simple question de droit au sujet d'un banquet pour le précipiter du trône.

Le Roi, par sa fuite, laissait le champ libre à ses ennemis les républicains, qui la mirent à profit pour parvenir à leurs fins. La majorité de la Chambre n'était pas dans le sentiment républicain, mais n'eut pas le courage de son opinion en cédant à la pression du dehors.

Cette nouvelle révolution, comme la précédente, n'était-elle pas le résultat des fautes du Pouvoir et de son infidélité aux lois constitutionnelles? *That is the question* que je soumets au jugement du lecteur.

La France stupéfaite, et craignant l'anarchie que le souvenir de notre ancienne Révolution attachait au mot de République, se résigna à accepter le fait accompli. Elle procéda avec calme à l'élection d'une Assemblée constituante, recherchant les candidats dans chaque classe de la Société, et exigeant d'eux une profession de foi franchement républicaine, à ce point que chacun tenait à honneur de se dire républicain de la veille. — J'appuie sur ces détails pour démontrer que rien n'autorisait certaine fraction de l'Assemblée à faire défection à la cause républicaine : fait bien constant pour l'auteur, quoique non avéré par l'histoire. — Le coup d'État du 2 décembre mit fin à cette intrigue, vraie ou supposée.

Mon rôle d'historien s'arrête ici. L'enseignement que je me suis proposé d'offrir au lecteur attentif dans cette rapide revue, doit être, que toutes ces révolutions politiques ont eu pour cause première l'infidélité des princes qui ont gouverné à se maintenir dans les prescriptions du régime constitutionnel, et, en second lieu, à cette fâcheuse disposition du Français à se passionner pour les individualités plutôt que pour le principe. D'autres causes, sans doute, ont pu concourir à ces revirements, mais je m'abstiens de les rechercher, afin de demeurer fidèle à mon programme, d'indiquer, seulement, la cause première.

―――

Ce récit historique remplirait faiblement le but que je me suis proposé en écrivant, si je n'abordais la situation présente par quelques réflexions se rattachant au sujet que je traite.

La Constitution de 1852, qui nous régit aujourd'hui, vient prêter l'appui de son autorité aux principes que je viens d'invoquer.

Voici le texte de l'article 1er :

« La Constitution reconnaît, confirme et garantit

» les principes proclamés en 1789, qui sont la base
» du droit public des Français. »

Cette déclaration si catégorique, si elle signifie autre chose qu'une simple formule, permet d'espérer que ces principes pourront entrer dans la pratique. Quelles que soient les divergences d'opinions, quel esprit assez rebelle pourrait ne pas désirer vivre en pays libre?

En présence de ce qui se passe en Europe où presque tous les États sont entrés dans la voie constitutionnelle, il serait, pour le moins, étrange que la France, qui a été le berceau de ces libertés sur notre continent, demeurât seule à en être privée. Cette forme de gouvernement, quoi que puissent dire certains esprits à idées peu pratiques, doit son triomphe à la stabilité et à la prospérité qu'elle a procurées aux pays qui l'ont adoptée.

En effet, sans citer l'Angleterre où cette forme subsiste depuis bientôt deux siècles, et qui lui doit sa grandeur, ne voit-on pas d'autres pays voisins fonctionner paisiblement depuis quelque quarante ans, et enfin, dernier exemple, dans le nouveau monde, l'empire du Brésil se maintenant, seul de tous les États d'Amérique, sans avoir éprouvé la moindre perturbation depuis son origine sous Don Pedro Ier?

D'où vient donc que la France soit la seule nation où cette institution n'a pu prendre racine? Je crois en avoir indiqué la cause première ; et on pourrait ajouter comme cause accessoire, que notre système d'administration, avec son armée de fonctionnaires intéressés à maintenir leur position, a été un puissant auxiliaire pour le Pouvoir dans la politique qu'il s'était tracée.

Le gouvernement représentatif est essentiellement un gouvernement de discussion (de là jaillit la lumière).

Ses détracteurs lui adressent le reproche banal de susciter des embarras au Pouvoir par des discussions oiseuses ou passionnées; ils oublient que c'est là un grain de sable, comparé aux autres avantages que le pays en retire. S'il se rencontre des ambitieux sous ce régime, du moins ceux-là parviennent par leur talent éprouvé, tandis que, sous un gouvernement personnel, sans être moins nombreux, ceux-ci s'élèvent selon le caprice du chef de l'État.

Le gouvernement parlementaire a essuyé, sans doute, de grandes agitations et passé par de bien rudes épreuves; mais, on ne saurait trop le répéter, l'origine en est due à la non-observation des principes. — Personne n'ignore que la liberté individuelle, la liberté de la presse, l'institution du jury, etc., n'aient subi de graves atteintes sous nos dernières monarchies : sous ce régime on ne ménageait guère les lois d'exception, sous le prétexte que le gouvernement n'était pas suffisamment armé par les lois ordinaires contre les pratiques des partis qui lui étaient hostiles. Nos voisins d'outre-Manche, plus expérimentés, ne font qu'un rare usage de la loi de l'*habeas corpus,* et aujourd'hui ils ont plutôt recours au principe *similia similibus curantur* de l'homœopathie.

Pour nous résumer, disons :

Notre grande Révolution ayant établi la base du nouveau droit public des Français, l'excitation qu'il produisit sur l'esprit de l'époque entraîna le pays dans l'exagération décrite par ma courte analyse du règne de Louis XVI.

C'est donc à ce fait qu'il convient d'attribuer la chute de notre premier gouvernement représentatif. Quant à ceux qui suivirent, c'est le contraire qui arriva, en voulant restreindre les libertés primitives, pour arriver à un système bâtard : la conséquence fut la chute de ces gouvernements.

L'Opposition qui se forma dans les Assemblées législatives contre cette prétention, soutenue par une majorité qui n'était pas l'image de l'opinion nationale, étant issue du suffrage restreint, favorisait l'esprit républicain se traduisant par des émeutes successives qui finirent par amener la Révolution de 1848.

Ajoutons encore que l'absence d'une foi politique, chez un grand nombre de Français, a été un obstacle au progrès de nos mœurs constitutionnelles; foi aussi nécessaire aux nations, que la foi religieuse en fait de religion.

Cette boussole ayant fait défaut, il n'est pas surprenant que le vaisseau de l'État ait été battu par les tempêtes politiques; et, finalement, on peut s'écrier, non sans raison, que dans notre France :

On a beaucoup démoli, beaucoup édifié, beaucoup conquis, et bien peu conservé.

Bordeaux. — Imprimerie générale d'ÉMILE CRUGY, rue et hôtel Saint-Siméon, 16.

www.ingramcontent.com/pod-product-compliance
Lightning Source LLC
Chambersburg PA
CBHW061627040426
42450CB00010B/2701